Jette Meng

Nackt betrachtet sind wir alle verloren

Gedichte

Jette Menger

Nackt betrachtet sind wir alle verloren

Gedichte

mit Illustrationen von

Ida Leetz

© 2020 Jette Menger

Herstellung und Verlag: BoD – Books on
Demand, Norderstedt

ISBN: 9783751998833

Bibliografische Information der Deutschen
Nationalbibliothek: Die Deutsche
Nationalbibliothek verzeichnet diese Publikation
in der Deutschen Nationalbibliografie; detaillierte
bibliografische Daten sind im Internet über
http://dnb.dnb.de abrufbar.

„Wie kann man überhaupt Wasser besitzen?"

-Maja Lunde

INTRO:

Pilze im Wald

werden bitte nur mit

Genehmigung gesammelt

Das Wasser gehört mir

Was wir nicht sehen

All die Zeit

die ich im Internet verbringe

könnte ich auch

mit dir verbringen

Ich könnte das Gras

unter meinen Füßen

und den Wind

in meinen Haaren spüren

ich könnte lachen

ich könnte weinen

ich könnte fühlen

und ich könnte den Vögeln

beim Singen lauschen

Doch all die Zeit

die ich mit dir verbringen könnte

geht verloren

denn ich öffne die nächste App

und vergesse

was ich eigentlich wollte

Schwerelosigkeit

Freier Geist

schaut von oben herab

auf die Erde

fragt sich

ja

fragt sich so viel

nicht wissend

wo anzufangen

mit dem Fragen

denn

Gewissheit verschwunden

denn

Freie Geister

erschaffen

unfreie Grenzen

von Stacheldrähten

aus Gesetzen

die oben

hoch oben

auf den Mauern thronen

um Häuser aus Plastik gebaut

um Häuser aus Plastik gebaut

um freie Gedanken

in Sicherheit zu wiegen

mit Gold einschmieren

bis sie dann

alles sind

doch nicht mehr frei

denn

Selbstvertrauen verloren

im Schein der Straßenlaternen

vielleicht

vielleicht

verschwimmen dort

die Grenzen

zwischen selbst denken

und der Bequemlichkeit

Andere für einen denken zu lassen

bis am Ende

dann gar niemand mehr denkt

wenigstens eine Grenze verschwimmt

doch bleiben die fetten

du
ich

mein Land
dein Land

Zaun

schwarz
weiß

normal
und das was man lieber nicht in Worte fasst

Liebe

du darfst nicht

und das ist verboten

Grenzen

fette Grenzen

deine Gedanken sind frei

oh ja

so frei

Fragt sich

warum kann ich nicht gehen wohin ich will?

Antwort verloren

denn

freie Gedanken

schaffen

unfreie Regeln

aus Papierbergen

die sich um Werte stapeln

um dein Geschlecht gebaut

um dein Geschlecht gebaut

schlecht wird mir auch gleich

Blick auf die Erde

Magen verdrehen

Bierbad

weil freie Geister

ohne Alkohol

so schlecht

sie selbst sein können

einfach zugeben

ich will einen Kuss von dir

zu riskant

zu riskant zu vertrauen

dem Fremden

dem Bekannten

Ich habe da was gehört

das ist übel ausgegangen

Ich vertraue dir nicht

denn

Freie Geister

stecken unfreie Grenzen

die nur mit Papierstapeln

durchquert werden können

Wunderuniversum

wäre so gerne schwerelos

Kleine Wunder

in meinem Blumentopf

Lassen

Loslassen

Lassen aber auch nicht darüber hinwegtäuschen

dass meine Pflanzen

winzig sind

im Vergleich zu der Landkarte über meinem Bett

die nur im Maßstab zeigt

was eigentlich viel größer ist

Größer

als wertvoll

Weil ein Wort nicht beschreiben kann

welche Wunder wir zerstören

Zeichnest du mir einen Weg auf die Karte?

Quer durchs Land

Fernab

der Hochhäuser

die sowieso nur die Erkenntnisse verbauen

die tief in meiner Seele sprudeln

Oder einen Fluss hinunter

schwimmen wir dem Sonnenschein entgegen

dann steht unser kleines Zelt hoch oben

auf der Spitze

einer Klippe

und die Erinnerungen

fallen hinunter

bis Flügel ausgebreitet werden

und wir endlich ganz frei sind

Fernab der Städte

wo du den Weg auf die Karte gezeichnet hast

Hab ne Note bekommen

eine Sechs in Quantenphysik

hab mich bewerten lassen

hab mich kaputt machen lassen

hab mich selbst verloren

Zwischen den ganzen Erwartungen

Abitur

Studium

Bachelor

Master

Ausbildung

Professor

Doktor

Doktor

habe ich vergessen wer ich eigentlich bin

und dass alles was ich je wollte

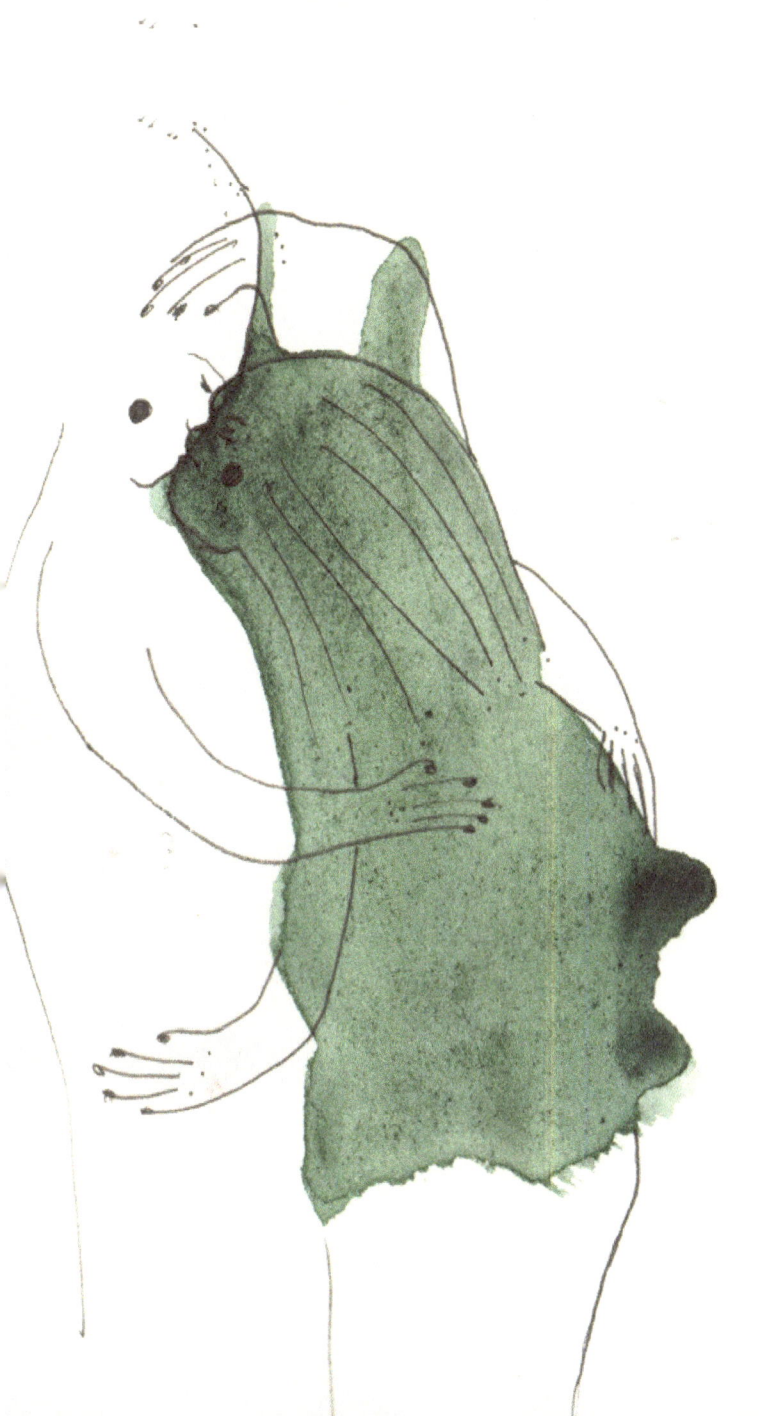

schon immer tief in meinem Herzen saß

Was war es nochmal?

Jedenfalls keine Quantenphysik

aber wer

wer lässt

das Bewerten

und die Zahlen

einmal links liegen

um zu sehen was dahinter steckt?

Hinter dem Menschen

der davon träumt Kunst zu erschaffen

und die Welt zu verändern

Aber davon kann man doch nicht leben

Ja ja

hab ne Note bekommen

eine sechs in Quantenphysik

Hab mich bewerten lassen

Bin ein schlechter Mensch

Frage mich

wie passend man geschliffen werden kann

bis man wirklich

dem Ideal entsprechen könnte

Dass was?

Tatsächlich existiert

oder doch nur ein Trugbild

aus Disneyfilmen und der Werbung ist

Und wer will dann schon

den Schleifstein erfinden

der aus bunten Farben

eintönig

und schmal

statt voll von Leben macht

Frage mich

wie passend man geschliffen werden kann

und wer das wirklich übernehmen und

verantworten will?

Legt die Waffen nieder

bis sie geschmolzen im Feuer

wieder den Geruch frei geben

den es sich lohnt einzuatmen

Manche Tage verstehen

die Welt nicht mehr

und meinem Herzen

schmerzt die Arbeit

weil alles

was es sieht

schwarze Kugeln sind

die durch die Gegend rollen

und hier und da

nur Schutt und Asche zurücklassen

legt die Waffen nieder

verdammt

Platzregnet Gedanken

Vor meinem Fenster zieht der Wind

unendliche Bögen

Kreise singen lachend

dass Tränen auf den Asphalt tropfen müssen

Um wachsen zu lassen

was wir nehmen

Obwohl die Erde es so dringend braucht

Verfangen

Oder eingefangen?

In der Rolle

die wir glauben spielen zu müssen

und irgendwie

tatsächlich gefangen sein

Nicht stark genug

Nicht hübsch genug

Kann nicht beweisen

dass ich auch nur annähernd

so stark bin wie du

und es doch so gerne wollen

des Feminismus wegen

für die

die es tatsächlich sind

stärker

vom Körper her

denn innere Stärke

wird ja bekanntlich nur von denen gemessen

die hinter die Fassade blicken

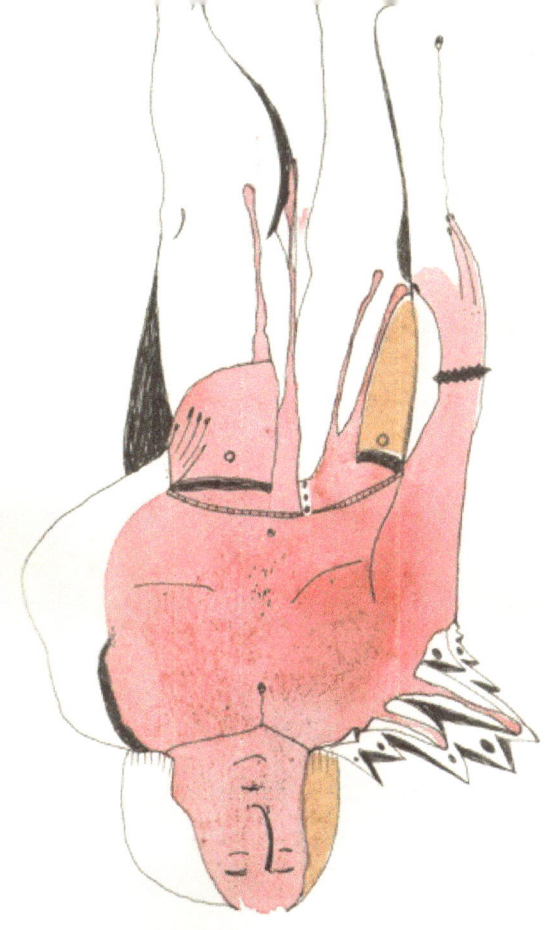

Eine Nichtexistenz

so wie jene

die daran glauben

nicht schwach zu sein

nicht in der Rolle zu stecken

Bunte Keulen jonglierend

frage ich mich manchmal

ob das reine Vergnügen

der Gesellschaft

nicht mal überdacht werden müsste

Denn Plastik durch die Luft zu schmeißen

ekelt mich ebenso sehr

wie es zwischen meinem Essen zu finden

und alles was mich nicht mehr atmen lässt

in der Luft liegt

die ich in meine Lungen sauge

während ich bunte Keulen jongliere

Nenn uns doch Dritte Welt Länder

weil wir nämlich immer an dritter Stelle stehen

wenn es darum geht

Und für Notre Dame

sammel mal Töpfe voller Geld

doch dass ich morgen verhungere

geht der Welt am Arsch vorbei

der tief in edel bestickte Seidenkissen gedrückt

am warmen Feuer Fernsehen schaut

Wo dann gezeigt wird

interessiert uns auch alle

dass zwei ehemalige Fußballspieler

ihr Café schließen mussten

interessiert uns alle aber nicht

die kleinen Läden

die Pleite gehen

weil große Ketten sie zerfleischen

sind ja nicht prominent

so wie Notre Dame

Sieh doch hin

Nackt betrachtet

sind wir alle verloren

Kein Wort

über meine Lippen

Schockgeweitete Augen

Über deine Lippen

kommen Wörter

tappen in der Dunkelheit

Fernab der Realität

Wenn Worte mir fehlen

ich meine Fäuste sprechen lassen will

Trotzdem

darauf vertrauen

dass Worte

die verletzendere Sprache sprechen?

Stimme erheben

Mein Körper

Mein Körper

Mein Körper

Stimme erheben

Boxen

Nicht zulassen

Gleich

Wir sind gleich

und Mann hat kein Recht

sich zu nehmen

Stimme erheben

Mein Körper

Mein Körper

Mein Körper

Stimme erheben

Boxen

Ohne darauf zu vertrauen

dass Worte die verletzendere

Sprache sprechen

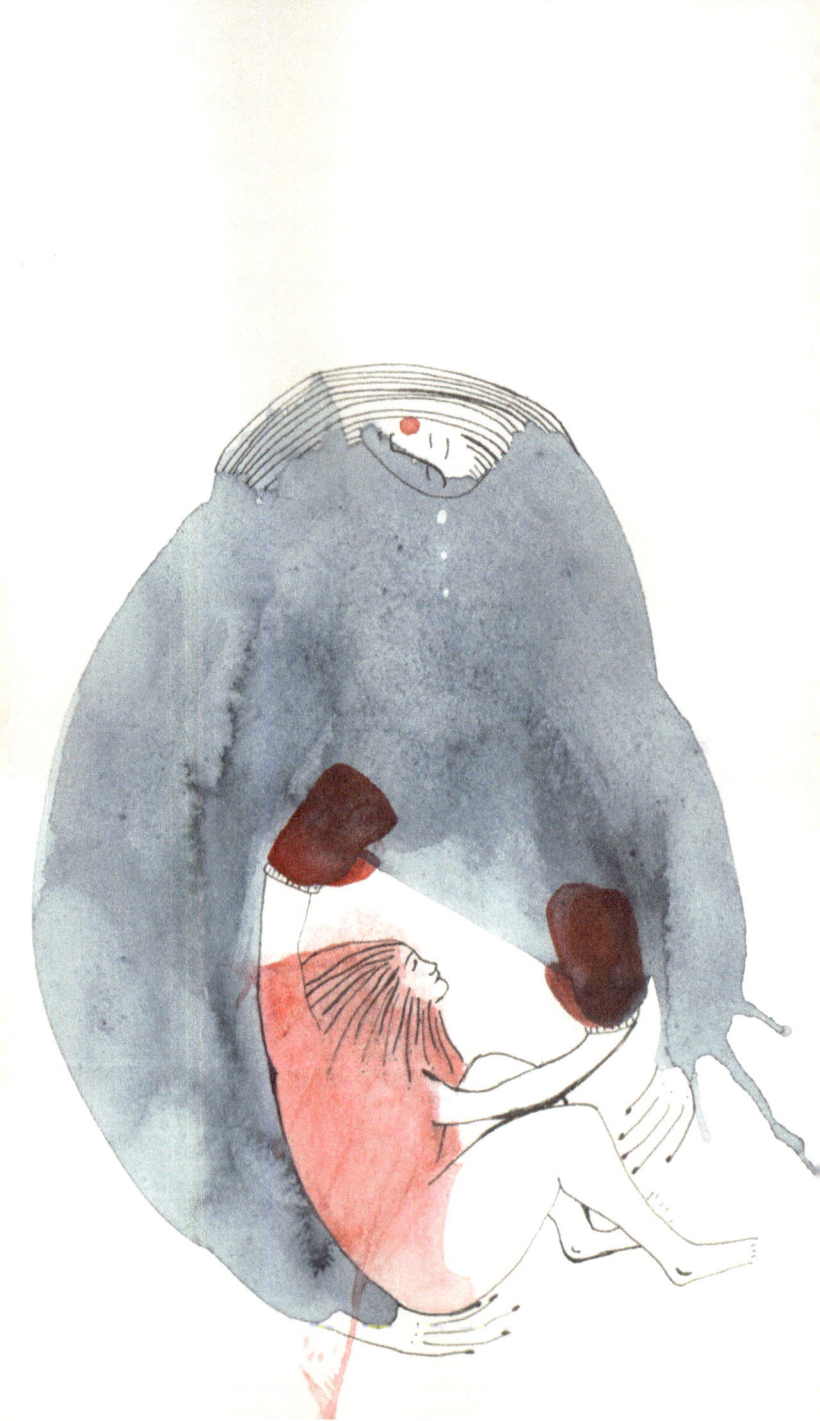

Zuhören

tut schon lange

niemand mehr

und mir fehlen sie eh

die Worte

Wir stecken in Krisen

deklariert die Tagesschau

Maske deiner selbst

aus dem Fenster sehen

statt ins Fernsehen

Glauben oder denken?

Was suchst du eigentlich zwischen all den Worten

die dir um die Ohren fliegen?

Den Ausweg aus der Krise?

Die sich mir nichts dir nichts

in dein Leben geschlichen hat

und das auch noch ohne um Erlaubnis zu fragen?

Auf dein Gefühl vertrauen

statt auf Fakten

Ja ich weiß das klingt jetzt verrückt

aber glaubst du etwa nicht an Wunder?

Um Mitternacht erwachen

in deinem Kopf

unter deinem Bett

Geister zum Leben

aber einen Baum pflanzen

hältst du für unrealistisch?

Wir stecken in Krisen

deklariert die Tagesschau

Bloß keine Umarmung mit einer Blume

Unsicher sage ich dir lieber nicht

was ich fühle

Weil

die Schwingen von dem was ich gesagt habe

bis hinein in dein Herz reichen

und wenn ich dann ausspreche was ich denke

du vielleicht

einen Samen in mein Herz pflanzt

der dann zu wachsen beginnt

Unsicher

Wie meine Gefühle

Reicht es nicht dass die Wissenschaft

die Wahrheit auf Silbertabletts serviert

und Greta Thunberg immer wieder wiederholt

Act now

nur einen Act den hat noch niemand gesehen

Übersehen

wie Millionen Kinder auf der Straße

obwohl sie doch genau das erkennen

wofür Wissenschaftler studiert haben

Aber die Wahrheit wird auf Silbertabletts

in den Keller getragen

Erinnerung

an ferne Zeiten

Seifenblasen

voll Emotionen

sich sicher

niemals versagen

zu können

Zurückkehren

zu der Zeit

in der ich Träume

verwirklichen konnte

weil man als Kind

so sehr an sich selbst glaubt

Vergessen

mit der Zeit

und der Last

auf meinen Schultern

Erinnerung

an ferne Zeit

verblasst

voll Emotionen

so sicher

Sicherheit zu brauchen

Feststecken

im Zwiespalt

zwischen damals

und der Realität

Oder war damals die Realität?

Vogelflug zu mir selbst

Seifenblase zerplatzt

Erinnerung

Was wenn

wir im freien Fall

bemerken

dass hart aufkommen

doch keine Alternative ist

und wir vergessen

die Stopptaste zu drücken

die überhaupt existiert?

Oder nur ein Trugbild der Realität ist

weil wir im freien Fall

bemerken

gar nicht gesprungen zu sein?

Möchte lieber

dich länger

in meinen Armen

noch halten

Das Gute vergeht

zu schnell

Was bleibt

einsame Leere

voll Hass und Kriege

Fehlen tut dann

deine Körperwärme

Und so

möchte ich

dich lieber

in meinen Armen

noch halten

Ein bisschen länger

Lluvia

Erinnere

mich so gern

an fernes

Zuhause

anderes Ende

der Welt

verschmilzt

mit meiner

Wo ist all die Hoffnung hin?

All meine Fehler

mit Farbe bemalen

All meine Narben

mit Sternenstaub füllen

Geschichten erzählen

Alles mich

was ich bin

tanzen lassen

Ganz frei

Für mich

soll all das eins sein

Urlaub

Schreiben

Arbeit

Geld verdienen

Reisen

Freiheit

Tanzen

Ein Strudel voller Leben

dicht verwoben

In der Arbeit entspannt

auf Reisen

schreibend

und immer

tanzend

der Sonne entgegen

Ja

für mich

soll all das eins sein

Ein Strudel voller Leben

was für ein Circus diese Welt

EPILOG

All die Zeit

die ich im Internet verbringe

könnte ich auch mit dir verbringen

ich könnte

freie Gedanken in die Welt hinausschreien

bis die fetten Grenzen verschwimmen

und um dein Geschlecht gebaute

Plastikhäuser einstürzen

fernab der Hochhäuser

wo du den Weg auf die Karte gemalt hast

könnte ich

Kunst erschaffen

bis wir beide dann

alles sind

doch nicht mehr gefangen

ich könnte

freie Gedanken in die Welt hinausschreien

bis

Geld

an Bedeutung verliert

und

Kindern endlich zugehört wird

dann halte ich dich in meinen Armen

noch ein bisschen länger

und male voll von Leben

statt eintönig und schmal

Wir könnten beide

den Wind

in den Haaren spüren

in die Welt hinauszuschreien

was man lieber nicht in Worte fasst

und

Legt die Waffen nieder verdammt!

Schutt und Asche habt ihr schon genug

in meinem Herzen zurückgelassen

Wir könnten

das Gras

unter unseren Füßen

spüren

aber meine Tränen tropfen

auf den Asphalt

verfangen in der Rolle

die ich gar nicht spielen will

singe ich leise in mich hinein

Mein Körper

Mein Körper

Mein Körper

Aber hört mir überhaupt jemand zu?

Bin ja nicht prominent

so wie Notre Dame

kann nur

in deinen Armen

den Vögeln beim Singen lauschen

bis wir beide

dann alles sind

doch nicht mehr gefangen

fernab der Hochhäuser

wo du den Weg auf die Karte gemalt hast

könnte ich Kunst erschaffen

die Umarmung der Blume genießen

und wieder an Wunder glauben

gar nicht so unrealistisch

sagst du

Aber warum nicht

für alle normal?

Zuhören

tut schon lange niemand mehr

und mir fehlen sie eh

die Worte

Sieh doch hin:

Nackt betrachtet sind wir alle verloren

und öffnen die nächste App

dabei kann man Wasser nicht besitzen

Danke

an Anselm, Lina, Merit, Mama, Papa und all
die Menschen die mich auf dieser Buchreise
unterstützt haben!

Ida, danke von Herzen! Lass uns für immer
zusammen wachsen, wachsen, wachsen! <3

DIE AUTORIN

Jette Menger, geb. 2000, hat das Notizbuch immer in der Tasche, um auch in der Natur jede Idee festzuhalten. Am liebsten schreibt sie Geschichten über Charaktere die für ihre Träume kämpfen, tolerant und offen sind und frei lieben. Diversität ist ihr ein genauso großes Anliegen, wie ökologisch zu leben.
Sie tanzt gerne über eine Sommerwiese und ist immer auf der Suche nach den Worten, die das unbeschreibliche dieser Welt einfangen.

Weitere Texte sind zu finden unter:
http://www.jettemenger.de

Die Autorin freut sich von ihren Lesern auf Instagram zu hören: @jettemenger

DIE ILLUSTRATORIN

Ida Leetz, geb.2001, träumt, tanzt und lacht, immer mit dem Skizzenbuch in der Tasche. Unterwegs auf der Suche nach Inspiration und dem Zeitstillstand, um Gefühle mit Farben und Linien festzuhalten.

WEITERE TITEL DER AUTORIN:

LYRIK:

Liebesbriefe an Erich Fried

Druck der Rockshow

NEW ADULT:

Know me again (Erscheint 2021)

Know you again (Erscheint 2021)